AF359612

CHARLES DARDIER

UN PROCÈS SCANDALEUX

A PROPOS D'UN MARIAGE BÉNI AU DÉSERT

AFFAIRE ROUX-ROUBEL, 1774

GENÈVE

Imprimerie Schira, Cours de Rive, 3

1886

Tirage à part de l'article publié dans les Étrennes chrétiennes de Genève (1887).

UN PROCÈS SCANDALEUX

À PROPOS D'UN MARIAGE BÉNI AU DÉSERT

(Affaire Roux-Roubel. — 1774)

———

La persécution contre les protestants de France s'était considérablement ralentie dès le dernier tiers du dix-huitième siècle. Après avoir dressé le gibet du pasteur Rochette, l'échafaud de trois gentilshommes verriers, la roue de Jean Calas, et avoir essayé de mettre la main sur le malheureux Sirven, accusé comme Calas de parricide, le fanatisme, comme honteux de lui-même, dut arrêter ses fureurs. L'opinion publique imposa la tolérance ; gagnée peu à peu par les écrits de généreux philosophes, d'éminents jurisconsultes et d'éloquents avocats, elle fut définitivement entraînée par la grande voix de Voltaire plaidant pour la réhabilitation du martyr de Toulouse.

On interdisait encore sans doute, très sévèrement et sans exception, le culte public quand il se célébrait dans l'intérieur des villes. Ainsi, en 1764, en Poitou et en Béarn, on vendit aux enchères les bancs qui servaient aux fidèles, et l'on démolit quelques granges et quelques chais qui servaient de maison d'oraison ; dans les Cévennes, en Languedoc même jusqu'en 1778, les réformés n'évitèrent à cet égard des mesures de rigueur, qu'en démolissant de leurs propres mains quelques pans de muraille qu'ils avaient hâtivement élevés pour se mettre à couvert. Mais hors des villes, les assemblées du Désert n'étaient plus dispersées par la force ; elles jouissaient d'une espèce de clandestinité légale, qui était respectée par les agents du pouvoir.

Les dernières prisonnières de la Tour de Constance en avaient franchi le seuil en 1768, grâce à la généreuse initiative du chevalier de Boufflers. Les deux derniers forçats pour la foi, qu'on avait oubliés sur les galères de Marseille, voyaient tomber leurs fers à la fin de septembre 1775.

Des pasteurs étaient encore arrêtés sans doute et mis en prison par le seul fait qu'ils étaient pasteurs (Broca, en 1773, Armand, du Dauphiné, en 1775) ; mais il suffisait d'une démarche auprès d'un ministre d'État ou de quelque seigneur influent, pour les mettre hors de cause ou pour faciliter leur évasion.

En 1782, il est vrai, un pasteur de Castres, nommé Laroque, dut encore s'exiler hors de sa province pendant dix ou onze mois; il avait eu l'imprudence, malgré l'ordre reçu de l'intendant du Languedoc, le comte de Périgord, de ne pas fermer la maison qui lui servait de temple dans la ville, et surtout de bénir avec un certain éclat le mariage entre deux cousins germains; or, d'après la loi qui depuis le concile de Trente régissait le royaume, les unions à ce degré de consanguinité étaient absolument interdites, et l'évêque du diocèse en réclama l'application. Mais chose curieuse qui peint d'un trait la situation à cette époque et fait ressortir le contraste entre la loi et les mœurs, le plus illustre des pasteurs du Désert, Paul Rabaut, fut chargé personnellement, par le subdélégué de l'intendant, de donner avis au pasteur qu'on allait le poursuivre et qu'il devait disparaître quelque temps de la scène. Le pouvoir évidemment aurait été embarrassé de cette capture.

Oui, une ère nouvelle commençait pour les églises sous la croix. Les jours de rafraîchissement et de paix, si longtemps attendus par les persécutés, se levaient enfin pour ces héros de la conscience et de la foi. Mais les édits de proscription n'étaient pas encore abolis ; on les laissait paisiblement dormir dans la poudre des greffes ; ils pouvaient toutefois être inopinément invoqués par des gens intéressés pour une raison ou pour une autre à leur rigoureuse exécution. Et comme la jurisprudence des tribunaux n'était pas encore changée, comme elle gardait avec un soin jaloux ses vieilles traditions, les magistrats les mieux intentionnés ne trouvaient pas toujours un biais légal pour être justes.

C'est ce qui arriva en particulier à Nimes, en 1774, à l'occasion d'un mariage béni au Désert plusieurs années auparavant. Nous avons sur ce sujet spécial bien des renseignements peu connus : plaidoiries des avocats, signées de leur nom, ou écrits anonymes, qui nous révèlent le fond de l'affaire, et surtout des lettres intimes de Paul Rabaut, de son fils Saint-Etienne et de Court de Gebelin, qui nous en font connaître les diverses péripéties ; nous avons même une lettre inédite de Voltaire, qui fut prié d'intervenir. Nous voulons utiliser ces documents divers, ne serait-ce que pour montrer une fois de plus quelle odieuse législation était encore suspendue, comme une épée menaçante, sur la tête des protestants de France.

Il vivait alors dans la cité languedocienne un fabricant en étoffes de soie, honoré de tous par son intégrité et son caractère, et dans une position de fortune bien supérieure à la moyenne. Il s'appelait Henri Roux. Il avait épousé, le 25 février 1765, une demoiselle Jeanne Roubel, fille d'un pharmacien et d'une position égale à la sienne. L'un et l'autre étaient protestants, et le mariage avait été béni par le pasteur de Bernis, Pierre Alègre, en pleine assemblée religieuse. Cinq enfants étaient nés qui prouvaient l'intimité de cette union, et ils avaient tous été baptisés au Désert : deux, par le pasteur Pierre Puget, les trois autres, par Paul Rabaut. L'un d'eux mourut en bas-âge [1] ; mais dans le deuil comme dans la joie, l'affection réciproque des deux époux et leur attachement au culte réformé s'étaient affirmés aux yeux de tous.

[1] Claudine-Henriette, baptisée le 24 août 1767. — Les quatre vivants étaient : Françoise, baptisée le 6 février 1766 ; Marie, baptisée le 16 novembre 1768 ; Lucrèce, baptisée le 10 juillet 1770 ; Pierre, baptisé le 1er mars 1772.

Dans le cours de ces huit années et demie, nul ne doutait et Madame Roux moins que personne, qu'elle ne fût devant Dieu et devant les hommes la femme légitime de son mari. Elle eut à donner trois fois sa signature comme témoin dans des contrats de mariage, et toujours elle signa : « Roux née Roubel ». Quelques mois après la naissance de son dernier enfant, elle écrivit à son mari qui était allé tenir la foire de Beaucaire, et elle le pressa dans les termes les plus tendres de hâter son retour : elle l'attendra pour souper; « qu'il me tarde d'être à ce jour, dit-elle, et que ne donnerais-je pas pour qu'il fût plus tôt ! Je t'embrasse de tout mon cœur, et suis ta chère épouse. Roux née Roubel. »

Mais un événement survient qui change complétement cette tendresse en froideur. Roux tombe malade; sa vie est longtemps en danger, et la convalescence est longue. Au lieu de se tenir avec assiduité et un redoublement de sollicitude près de ce lit de souffrance, Madame Roux s'attarde à confier ses ennuis à un jeune commis-voyageur, originaire des Cévennes, qui venait souvent chez une locataire de la maison habitée par les deux époux, à la rue des Marchands. Dans une telle compagnie la consolation vint vite pour elle. L'intrigue ne fut pas tenue tellement secrète que le mari n'en soupçonnât quelque chose. Il fit des observations, d'abord avec douceur, bientôt avec sévérité ; et un jour, après une scène plus vive que les autres, elle disparut : c'était le mardi 7 décembre 1773, à 11 heures du matin ; elle emportait ses « bijoux et dorures », estimés 2,000 livres dans le contrat, et elle laissait deux de ses enfants malades.

Les angoisses de la famille, surtout du mari, furent terribles. Les recherches les plus minutieuses furent vaines. On lui savait un caractère assez léger, un tempérament vif, des allures parfois romanesques ; mais comment croire qu'elle se fût donnée en scandale en foulant aux pieds ses devoirs d'épouse et de mère? Enfin, le quatrième jour de son évasion, le 10 décembre, elle donna de ses nouvelles, et de la façon la plus étrange, par l'intermédiaire de la supérieure d'une institution catholique où elle venait, le jour même, de chercher un asile.

Voici ce qui s'était passé. Les personnes qui avaient d'abord donné retraite à Madame Roux, craignant d'être recherchées et inquiétées, n'avaient plus voulu la garder. Alors, ne sachant que devenir, la malheureuse avait prêté l'oreille au conseil qu'on lui donna de se jeter entre les bras du curé de sa paroisse et de déclarer qu'elle voulait se faire catholique, avec son complice. En désespoir de cause, elle avait embrassé cette ressource; et accueillie avec empressement, elle avait été placée par le curé chez les Dames des Écoles chrétiennes. M. Roux, averti par la supérieure du lieu de refuge de sa femme et de son intention de se faire catholique, lui envoie les hardes qui lui étaient nécessaires, et lui fait offrir de l'argent pour ses besoins et pour sa pension. La supérieure reçoit les hardes, mais refuse l'argent.

Dix jours plus tard, le 20 décembre, nouvel acte de cette tragi-comédie. La demoiselle Roubel (elle a repris son nom de fille) ne se sent pas suffisamment, légalement mariée; elle a été subitement frappée par la grâce d'En-Haut; les instructions religieuses qu'elle a reçues jadis, à l'âge de six ans, dans une institution catholique, lui sont revenues miraculeusement à l'esprit; elle a reconnu ses erreurs; et comme son mariage n'a pas été béni en face de l'église, elle est troublée dans sa conscience; et par minis-

tère d'huissier, elle fait sommation « au sieur
Roux de se retirer par devant Me Jacomon,
curé de Saint-Castor de Nimes, pour se faire
instruire des devoirs de la religion catholique,
apostolique et romaine ; » après sa conversion
et la bénédiction de leur mariage par ce vénérable prêtre, elle rentrerait, mais alors seulement,
sous le toit conjugal.

Le procédé était audacieux, l'expédient déses-
péré, mais il n'y avait point d'autre issue. La
sommation fut réitérée le 29 décembre et le
8 janvier suivants.

On comprend la réponse de M. Roux, et tous
les honnêtes gens, même chez les catholiques,
sont pour lui.

Le 17 janvier 1774, assignation lui est faite
devant le Sénéchal, pour se voir condamner,
sur son refus d'épouser la demoiselle Roubel,
à lui payer les intérêts de sa dot depuis le jour
du contrat de mariage (8 février 1765), et
25,000 livres de dommages.

C'était ruiner le mari et dépouiller les enfants.
Roux refuse encore. Il répond à l'assignation
qu'ayant épousé la demoiselle Roubel, le 25 février 1765, et en ayant eu cinq enfants dans
neuf ans de cohabitation avec elle, il n'est nul-

lement nécessaire qu'il l'épouse une seconde fois. Il offre par le même acte de délivrer à sa femme ses hardes journalières, et de lui faire une pension telle que la cour jugera à propos de fixer, à la charge par sa femme de se retirer dans tel couvent cloîtré que la cour lui assignera.

De là un procès scandaleux qui eut un retentissement immense et devint un instant une véritable affaire d'État. A la cause du sieur Roux, en effet, était liée celle de deux millions de citoyens. L'arrêt qui interviendrait pour un seul protestant devrait avoir son contre-coup sur tout un peuple. L'affaire fut donc suivie avec une visible anxiété : « De son jugement, disait alors Rabaut Saint-Etienne, peut dépendre la tranquillité des protestants de la province.[1] »

Les plaidoiries commencèrent au mois de mars 1774, avec un concours extraordinaire de tous les ordres de citoyens. Les deux premières, pour et contre, celle du défenseur de Mme Roux, Me Maignaud de Layrac, et celle de la partie adverse, Me Troussel, avocat au Conseil supérieur, ne furent en quelque sorte que des passes

---

[1] Archives de Madame Veuve Sérusclat, d'Etoile (Drôme), lettre à Abraham Chiron, pasteur à Annonay, 9 février 1774.

d'armes ; on ne sortit pas du cas particulier qui était en débat.

Dans ces entrefaites, la dame Roux et son complice, se disant instruits de la religion catholique, font publiquement abjuration. Ils se flattaient sans doute de l'espoir que ce pas décisif leur attirerait la faveur des magistrats, et que le mariage du sieur Roux étant frappé de nullité légale, ils pourraient eux-mêmes s'unir dans toutes les règles aux pieds des autels.

Les secondes plaidoiries entrèrent dans le vif de la question. Me de Layrac ne négligea plus le seul argument spécieux que cette triste cause lui offrait : il parla contre la légalité des mariages bénis au Désert. Ainsi entraîné sur ce terrain délicat, Me Troussel n'hésita pas à l'y suivre.

Là, du reste, il faut le dire, était alors le grand intérêt du procès, comme aujourd'hui encore pour nous. Aussi, ne faut-il pas nous étonner que Paul Rabaut ait su d'avance dans quel sens l'avocat de M. Roux devait diriger sa défense et présenter ses moyens : ils ont dû se concerter évidemment ; et Saint-Etienne devait être en tiers, car il s'était fait déjà une belle place à côté de son vénéré père par sa haute intelligence, et nul ne connaissait mieux que lui les lois et ordonnances sur la matière, car il s'occupait à ce moment, tout nous porte à le croire, de la rédaction de son *Vieux Cévenol*. [1]

« Le procès concernant un mariage du Désert fait ici beaucoup de bruit, écrit Paul Rabaut, le 18 mars 1774. L'avocat de la dame Roux, qui voudrait faire casser son mariage, plaida dernièrement contre nos mariages en général, et allégua toutes les lois qu'il croit y avoir trait. L'avocat contraire doit plaider dans peu de jours, et tâchera de prouver que toutes ces lois sont mal appliquées, attendu qu'elles n'ont rapport qu'aux nouveaux convertis, qui n'existent plus, et qu'aujourd'hui les protestants sont véritablement tels et ne peuvent point être qualifiés nouveaux convertis. Cette affaire nous intrigue beaucoup. [2] »

L'argumentation de Me Troussel nous paraît irréfutable, et nous regrettons de ne pouvoir ici en montrer la clarté et la force. [3] Mais la ju-

---

[1] Voyez notre *Préface* à la nouvelle édition de cet ouvrage de Saint-Etienne. Toulouse. 1886.

[2] Archives Sérusclat. Lettre à Etienne Chiron, à Genève.

[3] Nous renvoyons au texte de sa seconde plaidoirie (p. 21-36), et aussi à l'*Etude hist. sur les formes de la célébration du mariage dans l'ancien droit français, par Ludovic Beauchet*, Paris, L. Larose et Forcel, 1883, ch. VI.

-risprudence avait fait fausse route depuis la fin du dix-septième siècle, et il était difficile de la ramener à une juste interprétation des arrêts et ordonnances. La fiction voulait qu'il n'y eût plus de protestants en France, et malgré les textes précis et positifs qui disaient le contraire, on leur appliquait les lois relatives aux nouveaux convertis.

En droit, la seule loi alors existante sur la forme des mariages des protestants du royaume était l'arrêt qui fut rendu le 15 septembre 1685, c'est-à-dire à un moment où les mesures de proscription étaient irrévocablement décidées. Or, cet arrêt portait que ceux de la religion prétendue réformée qui étaient dans les pays où les exercices de la dite religion avaient été condamnés, c'est-à-dire dans les trois quarts des églises, « pourraient faire baptiser leurs enfants et bénir leurs mariages par les ministres qui seraient choisis par les intendants et commissaires départis en ces provinces ». A moins de voir dans ces dernières paroles une sinistre plaisanterie, Louis XIV ne peut pas s'être plu à rendre, le 15 septembre, un arrêt dont il comptait rendre l'exécution impossible dans le mois d'octobre.

En invoquant cet arrêt, les protestants auraient donc eu le droit, même après l'édit de révocation, de demander des pasteurs pour la bénédiction de leurs mariages. Mais la terreur qui bouleversa tous les esprits, l'exil forcé de tous les ministres, la crainte que dans ces temps de malheur et d'iniquité leur demande fût rejetée, amena l'oubli de cet arrêt relativement protecteur ; on ne pensa pas du moins à en réclamer le bénéfice, et les protestants n'eurent désormais d'autres lois pour leurs mariages, que les lois générales des contrats purement civils : le consentement mutuel, l'approbation des parents et la notoriété publique.[2]

Un autre défenseur de M. Roux, Me Mazer, avocat du roi au presidial de Nimes, plaida en faveur des enfants ; il requit « qu'avant dire droit, et sans préjudice du droit des parties, il fût nommé par la cour un curateur, pour défendre leurs intérêts. » Son discours a été imprimé, comme les deux de son confrère Troussel, et il est peut-être plus fort encore, d'une trame

---

[2] Voyez sur ce point spécial un écrit, de 14 pages, qui parut à cette époque : *Observations sur l'article XV de la Déclaration du 14 mai 1724, pour servir à établir la validité des mariages des protestans de France, à l'occasion du procès pendant entre le sieur Roux et sa femme.* Nimes, 1774.

plus serrée, d'un style plus sobre et plus litté-
raire.[1]

Grâce à une figure de rhétorique bien connue,
tout en déclarant qu'il ne s'agit pas dans la
cause pendante de « prononcer sur la validité
des mariages contractés par un peuple nombreux », il parle de l'émotion qui a saisi ce
« peuple » dans cette circonstance. « Déjà, dit-il,
le bruit de cette contestation avoit retenti jusques
aux rochers des Cévennes ; l'alarme étoit dans
tous les cœurs ; le négociant avoit abandonné
ses comptoirs, l'artiste son atelier, l'artisan sa
navette, le laboureur sa charrue. » Et il les
rassure en leur parlant du nouveau monarque
qui venait de monter sur le trône, et qui sera
aussi « l'héritier des vertus » de son prédéces-
seur. Ce coup d'encensoir à la mémoire de
Louis XV nous paraît étrange, mais il était
sincèrement donné. Puis vient à l'adresse des
protestants un paragraphe qui fut supprimé par
la censure, mais que nous avons dans notre
exemplaire ; le voici :

La France n'oubliera jamais que, dans un temps
d'orage, vous avez rassuré les colonnes de la monarchie

---

[1] *Discours de M. Mazer, avocat du roi au présidial de Nimes,
dans la cause du sieur et de dame Roux.* Nimes, 1774, in-12, de
41 pages.

ébranlée ; que votre courage et votre fidélité ont placé sur le trône que le fanatisme lui disputoit, Henry IV le modèle des rois, et sa glorieuse postérité ; Henry IV dont le nom excite la plus douce émotion dans les cœurs de tous les Français. Du fond de sa tombe où sa cendre repose, son ombre veille encore sur vos destinées.

En biffant ce paragraphe, la censure espérait-elle effacer de l'histoire le patriotisme des protestants, les services qu'ils avaient rendus, et leur inviolable fidélité à la dynastie royale? Précaution inutile : depuis la chute du parti huguenot comme parti politique, et la paix d'Alais de 1629, leur soumission absolue, sauf l'incident bien explicable des Camisards, attestait suffisamment aux yeux de tous leur inconcevable patience, passée du reste en proverbe ; et les requêtes incessantes dont ils fatiguaient depuis trois quarts de siècle tous les représentants du pouvoir, ne laissaient sur ce point aucune place au doute : la France et l'Europe le savaient et leur rendaient témoignage.

L'avocat de Mme Roux, en outre des arrêts et ordonnances dont le texte lui paraissait montrer l'illégalité des mariages protestants, n'oublia pas de présenter d'un air triomphant la clause du contrat par laquelle le sieur Roux

s'était soumis à faire bénir son mariage en
face de l'église. Mais le défenseur du mari
n'eut point de peine à prouver que cette clause
était une pure formalité, à laquelle personne
n'attachait la moindre importance. Son adversaire cita alors la loi qui enjoint aux notaires
d'insérer cette clause, même sans la réquisition
des parties. C'était faire l'aveu que cette pro-
messe n'avait rien de spontané, qu'elle était ex-
torquée par la violence, et qu'on pouvait la
négliger sans scrupule, comme on négligeait de
continuer d'assister à la messe, une fois les for-
malités des fiançailles accomplies. Et Me Troussel releva avec esprit cette maladresse. « Il est
conséquent, dit-il, il est bon Me Layrac : il établit lui-même le principe qu'il veut combattre.»
Et il ajoute : « Mais quand même cette clause
ne serait pas de pure forme, pourrait-elle être
invoquée par une femme protestante qui n'en
a pas réclamé l'exécution pendant dix ans, qui
aurait rougi de la proposer tant qu'elle a eu la
bonne foi en partage, qui, parvenue à sa majo-
rité et à sa trentième année, a avoué publiquement qu'elle était la femme légitime du sieur
Roux? »

Une certaine agitation régna dans la ville

durant tout le cours du procès. La masse des
auditeurs qui se pressaient dans l'enceinte du
tribunal, ne se gênaient pas pour applaudir,
en pleine cour, aux arguments victorieux des
défenseurs de M. Roux et de ses enfants; on
accueillait au contraire avec des airs de mo-
querie les paroles de Mᵉ Layrac. Tout cela a
été transformé en « émeute », en « cris tumultueux » par des écrivains catholiques qui, treize
ans plus tard, eurent le triste courage de s'op-
poser à la promulgation de l'édit de tolérance[1].
Ces réserves faites, et en faisant la part des
exagérations, on peut néanmoins recueillir de

[1] *Discours à lire au conseil en présence du roi, par un ministre
patriote, sur le projet d'accorder l'état civil aux protestans.* s. l.
1787. In-8º de 171 pages, et 44 pages de pièces justificatives avec
une autre pagination — D'après Barbier (*Dict. des ouvrages anonymes*, t. T. p. 999), l'auteur de ce *Discours* serait l'abbé J.-B.
Bonnaud, ex-jésuite, avec la collaboration probable de l'ex-jésuite
Alex.-Charles-Anne Lanfant et de l'abbé Liévain-Bonaventure Proyart.
Une seconde édition a paru à Montpellier, 1827, chez A. Seguin.
Cet ouvrage, très hostile aux protestants, est plein d'inexactitudes
et de calomnies bêtes ou absurdes à leur endroit. Voici le portrait
de Théodore de Bèze (p. 6.) : «Homme d'esprit et de lettres, mais
impie et athée, au sentiment même de plusieurs de sa secte, liber-
tin impudent, et plongé dans les plus honteuses débauches».—Calvin
(p. 152) serait allé à la cour, à Fontainebleau, avec son manuscrit
de l'*Institution* en poche, et l'aurait donné à lire à un seigneur en
lui disant : « Si je n'ai pas le prieuré, je ferai parler de moi longtemps en France. Tenez, lisez ceci. » — Charles IX (p. 8) aurait

précieux renseignements dans les lignes suivantes, qui sont curieuses à plus d'un titre : [1]

On se rappelle à Nimes l'émeute excitée par les Protestans à l'occasion d'un procès intenté par une catholique [2], contre son mari calviniste. Appuyée sur les lois précises du Royaume et sur les premiers principes de la justice (!), garante des conventions réciproques contractées librement, elle actionna son mari pour le contraindre à exécuter la clause du contrat où il étoit stipulé que le mariage seroit ratifié en face de l'Église catholique.

Animé par les Protestans, dont le but étoit de convertir ce procès en une affaire de parti, le mari osa soutenir (!) la contestation. Les Protestants affectèrent de remplir l'audience ; ils encouragèrent l'avocat par les applaudissemens les plus bruyans. Leurs cris tumultueux étouffèrent la voix du défenseur de la partie catholique. Le plaidoyer ne fut qu'un tissu de calomnies atroces contre elle. La terreur réduisit au silence les catholiques présens à l'audience. Les magistrats eux-mêmes, frappés de

fait la Saint-Barthélemy pour se venger du massacre de quelques barons béarnais, trois ans auparavant. — Les ministres protestants (p. 53) se seraient réunis, le 10 août 1752, à la foire de Levignan (pour Lédignan, sans doute), et auraient arrêté d'assassiner quarante prêtres à titre de vengeance de ce qu'on obligeait les protestants à rebaptiser leurs enfants etc., etc.

[1] *Ibid*. p. 58.

[2] « La D^{elle} Roubel, mariée avec le sieur Roux, calviniste. » (Note des auteurs.)

l'ivresse qu'occasionnoit le fanatisme des Protestans, pâlissoient quoiqu'assis sur les Fleurs de Lys, et quoiqu'armés du glaive de la justice. Chaque fois que l'épouse du calviniste sortoit pour aller visiter son défenseur ou pour instruire ses juges, les Protestans l'assailloient à coups de pierres (!), et vomissoient contre elle mille imprécations. Ils poussèrent l'insolence jusqu'à vouloir forcer la maison du premier magistrat, en demandant à grands cris qu'on leur livrât la victime qu'ils vouloient immoler à leur rage. Leur fureur étoit à son comble. On avoit à craindre un soulévement général. On le prévint en faisant évader la malheureuse catholique, travestie sous un habit étranger.

Ce dernier trait est exact : la pauvre femme, pour échapper aux quolibets, peut-être aux huées de la foule, prit les habits d'une Sœur qui l'avait accompagnée, le 21 mars, chez le Juge-Mage, pour sortir sans encombre de l'hôtel de ce magistrat; mais dans cette foule il y avait autant de catholiques que de protestants. Que faut-il aussi penser de ces magistrats (tous catholiques) « pâlissant » sur leurs sièges et trahissant leur devoir? Cet embellissement injurieux prouve simplement le dépit que leur jugement provoqua chez nos écrivains jésuites. « Assis sur les Fleurs-de-

Lys et armés du glaive de la justice », que pouvaient-ils avoir à craindre de la part d'une minorité de protestants dont la moindre tentative incorrecte aurait été impitoyablement comprimée ? En réalité ces magistrats se laissèrent aller à l'évidence des faits, et ils furent justes dans leur arrêt. Nous avons, du reste, de bonnes raisons pour affirmer que les catholiques les plus sérieux se montrèrent sympathiques au sieur Roux ; car nous verrons que l'évêque lui-même, le vénérable Becdelièvre, prit un vif intérêt aux avocats de celui-ci, alors qu'ils étaient mis en cause par le garde des sceaux, Hue de Miromesnil, qui avait remplacé Maupeou le 24 août 1774.

D'émeute il n'y en eut point à l'occasion de ce procès ; mais si nous en croyons Rabaut Saint-Etienne, ce fut grâce à la sagesse des protestants et au bon esprit de leurs pasteurs.

Lors de la conversion galante de Mad° Roux, dit-il, un bruit courut que mon père et moi voulions changer de religion. C'était pour échauffer les esprits et faire naître des disputes entre la populace des deux religions, genre de tracasseries pour lequel l'abbé de Caveirac a des talens supérieurs. Il était secondé par deux ex-jésuites, dont l'un a été vilipendé très équitablement par M. de Voltaire. Le curé de la cathédrale en était aussi. Et quoique ce bruit fût tel qu'on ne pouvait guère remonter à la source, une anecdote nous fit connaître d'où il venait.

Quinze ou seize personnes dînaient un jour à Saint-Géniès, village à quatre lieues d'ici, chez un curé fanatique, comme ils le sont presque tous. Le curé de la cathédrale y dînait aussi. On lui demanda quelles nouvelles il apportait de Nimes. Il leur parla de Mad^e Roux et de sa conversion. Il ajouta qu'il était sûr de la mienne : « Hier, dit-il, je rencontrai Mad^e de St-Etienne à la porte de la Bouquerie ; elle me toucha la main ; elle me dit : « M. le curé, vous pouvez toujours compter sur nous. » Là-dessus, le curé de Saint-Géniès ne voulut point être en reste ; il lui dit qu'ils avaient à St-Géniès M. Germain [1], garçon d'esprit, qui avait aussi promis de changer de religion, mais qui était retenu par les égards qu'il devait à son père. C'est ainsi que ces deux menteurs se donnaient du galbanum [2]. Or, comme ce curé et ces jésuites et cet abbé de Caveirac avaient tous les jours des conférences, qu'ils

---

[1] Pierre Encontre, dit *Germain*, avait été agrégé, par le synode du Bas-Languedoc de mai 1773, au corps des pasteurs de la province, et donné comme adjoint à son père, dont le prénom était aussi Pierre, pour le service des églises de Saint-Géniès et de la Calmette. Voyez notre *Paul Rabaut*, t. I, p. 203.

[2] De fausses espérances (voir Littré).

[3] *Ravauder*, tenir des discours impertinents et hors de propos ; ou bien : dire, écrire des bavardages. Terme familier. Voir Littré.

ravaudaient [3], qu'ils écrivaillaient, qu'ils tracassaient, qu'ils ameutaient, il est évident que cette calomnie avait été concertée par eux. Je ne m'en mis pas en peine, parce que d'un côté nous veillions sur nos protestans, pour qu'ils évitassent les pièges qu'on leur tendait, et que de l'autre j'étais sûr que le tems détromperait les gens crédules. Cela ne manqua pas d'arriver, et les menteurs dirent alors, que j'étais retenu par mon père, mais que je ne manquerais pas de me convertir à sa mort. Il y avait dans la sainte Ligue un Bénédictin qui n'a pas le sens commun, mais qui se mêle beaucoup de conversions ; peut-être dit-il pieusement que j'avais abjuré entre ses mains, ou que tout au moins j'y abjurerais.

Voilà bien du bavardage, dont je ne vous parlai point dans le tems, parce que j'en faisais peu de cas. Cela vous fait voir au moins combien il est désagréable de vivre dans un pays aussi absurde ; combien nous avons besoin de prudence ; combien sont peu fondées les fables qu'on vous a contées.[1]

Les écrits de circonstance qui sortirent de presse, en outre des plaidoiries officielles des avocats devant la cour, furent assez nombreux. Nous avons déjà nommé les *Observations sur*

---

[1] Archives Sérusclat. Lettre de Rabaut Saint-Etienne à Etienne Chiron, à Genève, 21 septembre 1778.

[2] Nimes, 1774, in-12° de 19 pages.

l'article XV de la Déclaration du 14 mai 1724.
Citons encore l'*Interrogatoire de la demoiselle
Roubel, au sujet de son Mémoire à consulter,
et autres faits résultans de la procédure*[2].
Cet *Interrogatoire* fictif de Mme Roux devant
le *Tribunal de la conscience* est plein d'esprit
et de malice. Sous une forme tantôt sévère,
tantôt ironique, l'auteur, dont le nom nous est
inconnu, met en contradiction la malheureuse
femme avec elle-même, montre le côté ridicule
de ses prétentions, de ses attaques, et aussi
l'étrangeté, la bizarrerie et l'odieux de ses pro-
cédés et de sa conduite.

Un autre écrit, dans le même sens, parut à
Nimes, à la date du 6 mai 1774. Il est anonyme,
mais d'une bonne plume, bien que l'éloquence
tourne parfois à l'emphase : c'était du reste le
défaut général des plaidoiries de cette époque.
Il portait ce titre significatif : *Le cri de la nature et de la loi dans la bouche des enfans
de M^r et de Mme Roux*.[1] Il y a là comme la
suite du plaidoyer de Me Mazer en faveur des
enfants.

La partie adverse lançait aussi ses libelles en

[1] 48 pages in-8°.

en toute liberté. L'un d'eux contenait contre M⁰ Mazer tant d'injures et de calomnies, que le parquet s'en mêla : il fut supprimé par ordre supérieur, et l'auteur et le libraire furent punis, « mais modérément », dit Paul Rabaut dans une lettre à Etienne Chiron[1].

Une réponse à ce libelle eut un sort plus rigoureux ; l'auteur se déchaînait violemment contre l'église romaine, et rappelait les attentats de Ravaillac et de Chastel, la Saint-Barthélemy etc. « Ce sont des vérités, ajoutait le pasteur de Nimes, mais dites à contre-temps. »[2] Cette réponse fut condamnée au feu et l'auteur en fut recherché.

Il était temps que le jugement intervînt. Il fut rendu par la cour, le 25 juin 1774. En voici le texte, tel que nous le lisons dans une note manuscrite au bas de l'une de nos brochures :

La cour a rendu appointement par lequel, sans préjudice du droit à exception des parties au principal, ordonne que le sr Roux payera annuellement et pendant procès à la delle Roubel la somme de 800 livres de 6 en 6 mois par avance, à la charge par elle d'imputer ce qu'elle a déjà

---

[1] Archives Sérusclat, 21 octobre 1774.
[2] *Ibid.*

reçu et de ne pas désemparer la maison des Écoles chrétiennes où elle est actuellement, et que l'appointement
sera exécuté par provision, à cet égard ; et au surplus
ordonne qu'à la diligence du procureur du roi, il sera
procédé à la nomination d'un curateur aux enfans, et que
le curateur sera mis en cause à la diligence du poursui-
vant, tous dépens réservés à fin des causes.

C'était précisément ce qu'avaient demandé les
avocats de M. Roux et de ses enfants. Celui-ci
acquiesça donc sans peine à la sentence. Mais
sa femme en appela au Conseil supérieur qui
existait alors à Nimes. La condition d'être cloî-
trée dans un couvent lui était particulièrement
sensible. Pour toute réponse, elle fut traduite
au mois d'octobre 1774, en vertu d'une lettre de
cachet, au couvent des Bernardines, près de
Vienne en Dauphiné. Ces dames ayant refusé
de la recevoir, ce fut l'archevêque de Vienne,
frère du poète Lefranc de Pompignan, qui la
plaça chez les Ursulines de sa ville archiépis-
copale.

Rien d'excessif jusque là ; la morale était du
moins respectée. Mais ce drame domestique
eut deux épilogues douloureux. Le garde des
sceaux ne pouvant modifier l'arrêt du tribunal
de Nimes, s'en prit aux avocats de M. Roux

qui s'étaient aventurés sur un terrain défendu en plaidant d'une manière générale la validité des mariages protestants. Ne devait-il pas, d'ailleurs, accorder quelque satisfaction aux membres militants de l'église, qui réclamaient l'exécution des édits royaux dont ils se constituaient les bénévoles gardiens? Il poussa même la bienveillance à leur égard jusqu'à faire enlever, par lettre de cachet, les deux filles aînées de M. Roux, pour les enfermer dans une institution catholique de Vienne, en Dauphiné, chez les Célestines.

Double et terrible revanche des éternels ennemis du nom protestant.

Parlons d'abord des avocats. Mandés à Paris par le garde des sceaux, ils furent menacés de destitution, de pis encore. Heureusement pour eux un homme de dévouement et de courage, Court de Gebelin, qui habitait la capitale depuis dix ou onze ans, prit généreusement et activement leur défense. Il s'était fait un nom et de puissants amis par la publication de son *Monde primitif*[1], et comme son illustre père Antoine

---

[1] Les deux premiers volumes étaient déjà sortis de presse, le second avec dédicace à la jeune reine.

Court, il ne s'épargnait en rien lorsqu'il s'agissait de prêter son concours à ses frères en la foi : il y donnait tout son cœur et tout son temps, bien qu'il n'eût pas toujours à se louer de la manière dont il était dédommagé de ses peines et de ses dépenses. Ici encore il parla, il agit, il composa des mémoires et donna des directions. Nous prenons dans sa correspondance inédite quelques extraits qui nous feront connaître les péripéties de cette grave affaire.

Le 8 novembre 1774, il écrivait au Genevois Charles de Végobre, son patron et ami :

Nos avocats viennent de m'écrire. Je leur avais envoyé une lettre pour M^r le comte de Périgord[2], que j'ai l'honneur de connaître et qui est un de mes souscripteurs. Il a vu M^r le garde des sceaux ; mais celui-ci ne parle que de punition. Ils sont dans de terribles transes. Je ne leur ai pas répondu pour les rassurer, parce qu'ils vont arriver et que leur lettre s'est croisée avec une des miennes, qui contenait copie du mémoire que j'ai dressé sur toute cette affaire pour les ministres, et dont deux copies ont été remises à un très grand seigneur et à une très grande dame qui ont très bien saisi le tout, et qui voyent qu'il faut renfermer dans un couvent éloigné la femme pour éviter tout exemple pareil, renvoyer les avocats, rendre

---

[2] Intendant du Languedoc.

les enfans et renvoier à un temps plus heureux le fond de l'affaire[1]. Ils ont grand crédit et sont à même de faire revenir les ministres des impressions désavantageuses qu'on leur a données. Ainsi l'affaire est aussi bien qui se puisse. J'ai fort appuié sur la nécessité où les avocats ont été de traiter la question, par le langage étrange de l'avocat contraire, — et sur la nécessité de faire attention au nombre prodigieux d'enfans et de pères dans ce cas, etc.

On a appuié cela d'une note pressante sur l'importance pour les ministres de conserver la plus grande impartialité entre les divers partis ; note d'une excellente tête. Cette affaire m'a emporté 4 ou 5 jours, non en entier, mais en bonne partie ; ce n'est rien si l'on réussit. Je l'espère fort par le zèle et l'intérêt qu'y mettent les personnes dont j'ai déjà éprouvé les heureux effets. Si celles-ci échouaient, il n'y aurait pas d'autre porte à frapper, par leurs grandes liaisons avec les ministres, et par leur crédit.

J'ai été bien fâché de n'avoir pas le mémoire écrit contre. J'en aurais fait un bon usage ; j'en ai parlé, il est vrai, dans mon mémoire, mais sans en pouvoir rien citer. Il est fâcheux qu'on ait négligé de me l'envoyer[2].

Quelques jours plus tard, le 19 novembre 1774, Court de Gebelin annonce à un autre corres-

---

[1] L'affaire des mariages protestants.
[2] Papiers Court, à la Bibl. publ. de Genève, n° 2.

pondant le plein succès de ses démarches, au moins pour ce qui regardait les avocats.

Je viens de rendre, dit-il, à cette dernière ville (Nimes) un service important et à la cause commune. Vous avez entendu parler du procès de la dame Roux de N[imes] contre son mari, comme en ayant été abusée par son mariage au Désert. Vous aurez su la chaleur avec laquelle on a plaidé pour ou contre ; et que d'après les calomnies de ceux qui ont écrit contre, les avocats pour le mariage protestant ont été mandés en cour pour se voir punis : on ne parlait pas moins que de casser l'avocat du roi [1], l'un des mandés. J'ai présenté à ce sujet un mémoire expositif de toute l'affaire, et puis un mémoire justificatif, qui ont fait grande impression. En sorte que MM. les avocats ne seront point punis, mais renvoyés avec honneur, et que j'ai l'assurance d'un arrangement sur les mariages protestans.

Maintenant je plaide avec force contre les enlévemens des enfans protestans, que je représente comme un attentat au droit sacré de propriété, opposé à la sûreté et protection qu'on doit aux protestans, propre à leur rendre le mariage odieux et à leur faire craindre d'avoir des enfans, et qu'une loi pareille ne doit pas flétrir le beau règne qui commence à luire pour la France. [2]

[1] Me Mazer.
[2] Archives Sérusclat. Lettre à Abraham Chiron, pasteur à Annonay.

Dix jours plus tard encore, Court de Gebelin confirmait la bonne nouvelle à Paul Rabaut, et il entre dans quelques détails qui ont leur intérêt.

Nous avons nos avocats, lui écrit-il le 29 novembre. Ils ne sont ni cassés, ni blâmés, ni suspendus, mais entièrement rendus à eux et à leurs fonctions. Cette nouvelle qu'ils ont apprise de la bouche de M. le garde des sceaux, leur a rendu la vie, quoique je leur en aie toujours présagé les suites heureuses ; mais ils craignaient, surtout M. Tr[oussel], les suites d'un séjour long et dispendieux. Je vous parlais qu'il était court d'espèces ; il en a beaucoup dépensé ici ; chaque voyage de Versailles étant seul d'un louis, et ils en ont fait nombre par nécessité, il serait bien à souhaiter que vous eussiez pu leur acheminer une lettre de change, afin de pouvoir retourner dans vos contrées où il languit d'arriver, se préparant à partir incessamment. Mr Mazer a demandé la permission de rester ici environ deux mois et de faire sa cour pendant ce temps-là à M. le garde des scéaux : ce qu'on lui a permis très gracieusement.

Si vous ajoutez à cela l'assurance que j'ai eue de la manière la plus positive que l'on prenait un biais pour les mariages des réformés qui assurerait leur validité, et que les protestans n'avaient rien à appréhender pour leurs enfans, vous n'aurez pas à vous plaindre, je pense, ni de moi ni des personnes qui m'ont appuié, et qui ont agi d'après mes mémoires. Ce sont les mèmes qui nous ont si bien servis dans la malheureuse affaire du mois de mai [1], et qui m'honorent d'une tendre amitié. Je ne la mets à la vérité jamais à l'épreuve pour moi, ni celle d'aucune autre personne, et si j'ai jamais fréquenté anti-chambre, ce fut toujours pour la cause commune, à la-quelle j'espère devenir toujours plus utile, à mesure que je serai plus connu par le succès de mon ouvrage, et que je pourrai me répandre avec plus de facilité.

Il est encore un objet qui me tient fort à cœur, celui des enfans de M. Roux. Leur départ m'a percé le cœur. J'ai montré ses lettres pleines d'amertume et de déses-poir ; elles feront sûrement impression ; mais je ne doute pas que nous ne les ayons, quoique ce ne soit pas à l'ins-tant. Il faut que M. Roux écrive à M. le comte de Péri-gord une lettre bien touchante, bien pressante à ce sujet, au moment où ce seigneur se disposera à revenir ici. Vous pouvez la faire recommander à ce seigneur par son pre-mier secrétaire, dont je vous enverrai le nom, et peut-être même une lettre pour lui de la part d'une personne qu'il connaît beaucoup. Il faudra qu'il en écrive une aussi au garde des sceaux, mais adressée à quelqu'un qui soit

---

[1] L'archevêque d'Auch, aidé de quelques autres ecclésiastiques, avait porté au nouveau roi Louis XVI des plaintes amères contre les protestants du Béarn ; et la trame avait été si bien ourdie, qu'ils avaient obtenu un ordre pour brûler ou démolir les maisons d'orai-son. Court de Gebelin en fut instruit et à temps ; et il en fit si bien sentir les terribles suites que le roi révoqua l'ordre qu'il avait donné.

bien avec ce ministre, ds peur qu'elle ne se perde dans les bureaux, et de mon côté j'agirai.

Une chose sur laquelle il est inutile d'insister, c'est que les protestants ne fassent pas trop de bruit sur le retour de MM. les avocats, de peur que leurs ennemis irrités n'en prennent une nouvelle occasion de leur nuire.

On a bien besoin que MM. de Maur[epas], Turg[ot] et de la Vrill[ière] vivent et se soutiennent.[1]

De nouveaux détails sont enfin donnés par Court de Gebelin à Charles de Végobre, le 3 décembre 1774.[2]

Le 27 novembre au soir, écrit-il, ils eurent leur dernière audience de congé de M. le garde des sceaux, qui leur permit de retourner chez eux et de lui écrire quand ils le jugeroient à propos ; — sans aucun reproche et sans autre condition que de voir à leur retour Mr de Pégigord et l'évêque de Nîmes, pour les remercier de la part qu'ils ont prise à leur affaire. Ils sont donc aussi contens qu'ils peuvent l'être et d'autant plus qu'ils craignaient fort non seulement d'être attachés plus longtemps à la suite de la cour, mais que cette affaire n'eût quelque suite funeste pour eux, vu les menaces qu'on leur avait fait en arrivant, surtout à l'avocat du roi (Me Mazer) de le destituer.

[1] Papiers Paul Rabaut à la Bibl. du Prot^me Fr. à Paris, t. 14, p. 239.
[2] Papiers Court, no 2.

J'eus l'honneur, au 14 novembre, de rendre compte du
point où ils en étaient dans ma réponse à M. de Bottens [1].
Mon premier mémoire historique fut très bien accueilli ;
il m'en occasionna un second divisé en trois articles, pour
détruire l'impression de diverses calomnies et objections.

Dans le premier, je faisais voir par quelques faits frap-
pans, qu'on s'était toujours permis et qu'on se permettait
encore à l'égard des protestants des calomnies atroces véri-
fiées telles par le gouvernement. Cet historique se terminait
par les évènements actuels du Béarn. Dans le second, je
justifiais la conduite des avocats et rapportais les noms et
les dates de tout ce qui a paru dans ce genre de la part
de leur ordre. Je faisais voir, dans le troisième, tout ce
qu'a d'odieux l'enlèvement des enfants, et combien il serait fâcheux que ceux de M. Roux ne lui fussent pas rendus. Ce mémoire fit beaucoup d'impression sur ceux
auxquels je le remis, et ils m'ont assuré qu'il en avait fait
beaucoup sur le ministre. On me dit que je pouvais as-
surer les Protestants de deux choses : 1° qu'on prenait
un arrangement au moyen duquel les mariages des Protestans auraient la même force dans les tribunaux, que
les autres ; 2° que l'enlèvement des enfans de M. Roux
ne devoit point les alarmer, parce que ce n'étoit qu'un
fait particulier, et que la cour n'en faisait pas une affaire
générale. Cependant ces enfants sont à Vienne, et d'après

---

[1] Polier de Bottens, président du comité de la « Direction française » de Lausanne, neveu du célèbre professeur de ce nom qui avait
été l'ami dévoué d'Antoine Court père.

un prétendu partage des enfants ordonné par la loi, entre un père et une mère de religion différente. Mais comme ils sont la victime de surprises de toute espèce faites au gouvernement, je ne désespère pas que nous ne les obtenions dans quelque temps. Et je viens d'écrire à Nimes pour indiquer la route qui, selon moi, peut y conduire. Le *Mémoire à consulter* tenait une belle place dans mon second mémoire. Je ne suis pas étonné qu'il ait fait impression ici quand il fut envoyé.

On aura remarqué sans doute un mot important de cette lettre de Court de Gebelin : le garde des sceaux, en renvoyant libres chez eux les deux avocats de M. Roux, pose pour condition qu'ils aillent « voir à leur retour M. de Périgord et *l'évêque de Nimes, pour les remercier de la part qu'ils ont prise à leur affaire.* » Le vénéré Becdelièvre était donc, dans cette circonstance, en faveur de la justice et de l'honnêteté. Il était du nombre, malheureusement assez rare, de ces prélats que leur conscience et leur cœur, en dépit de l'esprit et des traditions de leur église, portaient à la tolérance. Et Rabaut Saint-Etienne a dû se souvenir de cette attitude bienveillante, lorsqu'il a composé son *Eloge funèbre* quelques jours après sa mort (1784).

Court de Gebelin et le seigneur de la cour
dont il avait sollicité le crédit ne furent pas
aussi heureux pour les enfants de M. Roux,
qu'ils l'avaient été pour les avocats de celui-ci.
La difficulté était plus grande, les préjugés
plus tenaces. Le clergé romain croyait faire
œuvre pie en arrachant ainsi des âmes à l'hé-
résie, et il était sourd aux réclamations des
familles désolées. Il y eut des enlèvements
d'enfants jusqu'en 1783[1].

Nous avons dit que les deux filles aînées du
sieur Roux avaient été enfermées, par lettre de
cachet, au couvent de Célestines de Vienne, en
Dauphiné. L'une d'elles ayant été malade, le
pauvre père eut la permission d'aller la voir,
mais il ne put la ramener avec lui, malgré ses
supplications. Toutes ses démarches à Nimes,
à Paris, à Versailles, par lui ou par ses amis,
furent infructueuses.

Ce fut alors qu'on pensa à Voltaire. Il n'aurait eu qu'un mot à dire peut-être ; mais ce
mot, il ne le dit pas. Rien ne fut négligé cependant pour le mettre au courant de l'affaire
et pour le décider à agir.

[1]. Dans le pays de Caux, en Normandie *(Bulletin*, t. XXIV,
p. 413).

Nous voyons d'abord, par un mot d'une lettre de Paul Rabaut à Etienne Chiron, que Saint-Etienne avait été chargé de rédiger un mémoire explicatif pour le philosophe de Ferney. Ce mémoire n'a pas été conservé, mais nous comprenons qu'il ne devait rien laisser à désirer sous le rapport du style et de l'intérêt. Chiron avait été prié de le faire parvenir à Voltaire ; et quelques semaines plus tard Paul Rabaut, impatient, lui écrivait : « Nous voudrions bien savoir ce qu'il dit et ce qu'il fait.[1] »

Nous voyons ensuite que la remise de ce mémoire avait été confiée à la personne qui, de tous les familiers du château, était la plus agréable à son seigneur et maître. C'était une jeune Languedocienne qui s'appelait Claire Delon ; elle avait épousé Gabriel Cramer, lequel avec son frère Philibert, était le libraire imprimeur de Voltaire, et fort en faveur par cela même auprès de lui. Ils occupaient, d'ailleurs une haute position à Genève, où leur profession a toujours été honorée d'une grande considération. Gabriel était le neveu de Jean-Jacques de Tournes et petit-neveu du syndic No-

---

[1] Archives Sérusclat, lettre du 5 avril 1775.

blé Jean-Marc De la Rive, et de Noble Ami
De la Rive, pasteur et professeur. Les deux
frères Cramer étaient en outre l'un et l'autre les
plus fidèles acteurs de la troupe des Délices et de
Ferney ; ils jouaient à merveille la comédie et
même la tragédie ; et l'on s'explique l'affection
intéressée que le poète avait pour ces inter-
prêtes intelligents de ses œuvres. Madame
Cramer-Delon, de son côté, faisait les délices
du château et du châtelain, par son esprit, sa
grâce, sa gaîté, sa figure charmante et son
originalité pleine de séduction. Elle était d'une
famille sortie de Lasalle, patrie des Manoël de
Végobre, et devait doublement s'intéresser,
comme compatriote et comme coreligionnaire,
à ce malheureux père dont le foyer, naguère si
chaud, si animé, était maintenant refroidi,
silencieux et désert.

Devons-nous ajouter qu'elle était aussi sage
que belle et spirituelle? Le maréchal de Richelieu
l'avait appris à ses dépens lorsqu'il vint, en
octobre 1762, accompagné d'une suite de quarante personnes, faire visite à Voltaire. « L'é-
ternel galant, malgré ses soixante-six ans, se
prit d'une subite passion pour Madame Cramer, « une Parisienne égarée dans la calvi-

niste Genève. » Il avoua sa passion à Voltaire, qui, bien entendu, s'empressa de la favoriser. Il s'agissait d'éloigner le mari. Le poète complaisant composa aussitôt une épître au maréchal, la lit le soir confidentiellement à Cramer, le conjure de courir à Genève pour en faire tirer des exemplaires pendant la nuit; il faut à tout prix que le duc l'ait le matin à son réveil. Cramer, sans défiance, et convaincu de l'importance de sa mission, part sur le champ. L'aventure se présentait sous les meilleurs auspices ; le maréchal se croyait sûr de vaincre comme à son ordinaire ; mais il avait compté sans Madame Cramer, qui lui rit au nez. Pour toute consolation, il reçut, à son réveil, la visite du mari, l'épître à la main ; elle lui parut détestable.[1] »

Paul Rabaut avait demandé à Chiron ce que disait Voltaire et ce qu'il faisait du mémoire de Saint-Etienne relatif à l'enlèvement des enfants de M. Roux. Bien qu'il l'eût reçu d'une main qui lui était chère, le vieux patriarche ne fit rien. La gloire qu'il avait recueillie de l'affaire Calas lui suffisait ; il n'en chercha point

---

[1] *La vie intime de Voltaire aux Délices et à Ferney*, par Lucien Perey et Gaston Maugras. Paris, Calmann Lévy, 1885, p. 340.

d'autre ; il aurait fallu marcher sur les brisées d'un archevêque, lutter peut-être contre lui ; et il se contenta d'écrire à son aimable intermédiaire le billet suivant :

A Madame Cramer-Delon, à Genève,

Je voudrais sans doute, Madame, servir ces deux demoiselles et leur digne père. Mais malheureusement je ne pourrais que leur nuire. Elles sont entre les mains d'un Pompignan, archevêque de Vienne, frère d'un Pompignan, dont les odes sacrées sont si sacrées que personne n'y touche. Jugez si un profane peut se mettre entre ces frères ou faux frères.

Je vois de tous côtés des choses horribles, et il est bien triste de ne pouvoir remédier à aucune.

[Voltaire].

Voltaire a trouvé à son goût sa malice contre le frère de l'archevêque de Vienne, car il l'avait lancée quinze ans auparavant dans son *Pauvre Diable*[1] où nous lisons ces vers :

Manquant de tout, dans mon chagrin poignant,
J'allai trouver Le Franc de Pompignan,
Ainsi que moi natif de Montauban,
Lequel jadis a brodé quelque phrase
Sur la *Didon* qui fut de Métastase ;
Je lui contai tous les tours du croquant ;

[1] La dédicace de la première édition est datée du 17 mars 1760.

« Mon cher pays, secourez-moi, lui dis-je,
Fréron me vole, et pauvreté m'afflige. » —
De ce bourbier vos pas seront tirés,
Dit Pompignan ; votre dur cas me touche.
Tenez, prenez mes cantiques sacrés ;
Sacrés ils sont, car personne n'y touche ;
Avec le temps un jour vous les vendrez.

Le mauvais vouloir de Voltaire ne découragea point les amis de M. Roux ; mais ceux-ci, malgré leurs démarches et leurs efforts, ne réussirent pas à tirer ses deux enfants du couvent des Célestines de Vienne. Le pauvre père lui-même multipliait ses suppliques touchantes à chaque changement de ministère, mais toujours en vain : aucun de ces hommes d'Etat ne daigna réparer cette criante injustice. Il avait assez à faire, du reste, à cette époque, pour savoir à qui il devait envoyer ses lettres, car les ministres d'alors n'avaient pas plus de durée qu'aujourd'hui. En 1782, Paul Rabaut écrivait à son collègue De la Broue, chapelain de l'ambassadeur de Hollande à Paris :

Faites-moi le plaisir de dire à notre ami (Court de Gebelin), le plus tôt que vous pourrez, que M. Roux, qui lui a écrit, et dont la fille est malade à Vienne en Dauphiné, languit d'avoir sa réponse, pour savoir à quel ministre il faut s'adresser. [1]

Après l'édit de tolérance toutefois, une première satisfaction fut accordée à M. Roux. Il voulut jouir du bénéfice de la loi par laquelle le roi donnait un état civil aux protestants de son royaume. Il présenta une supplique à Sa Majesté dans ce sens. « Ce désir est d'autant plus grand, dit-il, que ses deux filles ont atteint, l'une vingt-trois ans, l'autre vingt-un, et qu'il serait temps de songer à leur établissement, ce qui ne peut avoir lieu qu'autant qu'elles auraient recouvré leur liberté. »

Et il ajoutait : « Mais rien ne serait capable de porter le sieur Roux à renouer avec sa femme une union que sa conduite a rendue déshonorante. Il fuirait aux extrémités du monde, plutôt que d'habiter de nouveau avec elle. Dans cet état des choses, le sieur Roux, qui aime sa patrie, demande s'il ne peut pas se flatter d'obtenir de la justice et de la bonté du roi un état légitime pour ses enfants, sans se rapprocher de leur mère. »

Justice lui fut enfin rendue, au moins pour

---

[1] Papiers Rabaut, t. 18, f. 100.

la légitimation de ses enfants ; et le 18 juillet
1788, il put faire régulariser son mariage, par-
devant Jean-Baptiste d'Augier, conseiller d'E-
tat, lieutenant général au baillage de Nimes.
Sa femme, Jeanne Roubel, qui était toujours à
Vienne, au couvent des Ursulines, avait donné
pouvoir de signer pour elle à Charles Mari-
gnan, notaire à Nimes.[1]

Quelque temps après, le régime du bon plaisir s'écroulait, aux applaudissements de la na-
tion, avec la dernière pierre de la Bastille ; et
l'assemblée nationale, entraînée par l'éloquente
parole de Rabaut Saint-Etienne (23 août 1789),
ajoutait à sa Déclaration des droits de l'homme
l'article suivant : « Tout citoyen a le droit de
professer librement son culte, et ne peut être
inquiété à cause de sa religion. »

Nul ne dut apprécier, mieux que M. Roux,
les bienfaits de la Révolution. Ses deux filles
lui furent rendues ; — mais elles étaient catholiques. Entrées au couvent à peine âgées de sept

---

[1] Suivant acte reçu par Larmanet, notaire à Vienne. Ces renseignements et d'autres qui suivent nous ont été gracieusement fournis
par notre ami Charles Sagnier, qui publiera peut-être tôt ou tard
de précieuses notices généalogiques sur les familles de Nimes, à
l'instar des MM. Galiffe, de Genève.

ans et de cinq ans, comment auraient-elles pu résister aux obsessions et aux cajoleries d'un ardent prosélytisme ?

Marie Roux épousa à Nimes, le 26 nivôse an II (15 janvier 1794), Louis-Bernard-Symphorien Guigue, veuf de Jeanne Rouvier, natif d'Avignon. L'un de ses petits-fils est un des membres les plus distingués de l'académie française, et des écrivains les plus goûtés de la *Revue des Deux-Mondes*[1]; l'autre est mort député du Gard.[2]

Pierre Roux, qui resta naturellement protestant comme son père, épousa à Nimes, quelques jours après sa sœur, le 9 pluviôse an II (28 janvier 1794), Elisabeth Puech, fille de Louis et d'Elisabeth Canonge. Son petit-fils est un artiste peintre bien connu à Paris et dont le pinceau délicat est fort apprécié des connaisseurs.[3] — C'est à l'obligeance de ce dernier que nous devons la copie de la lettre inédite de Voltaire, point de départ de cette modeste étude.

Charles DARDIER.

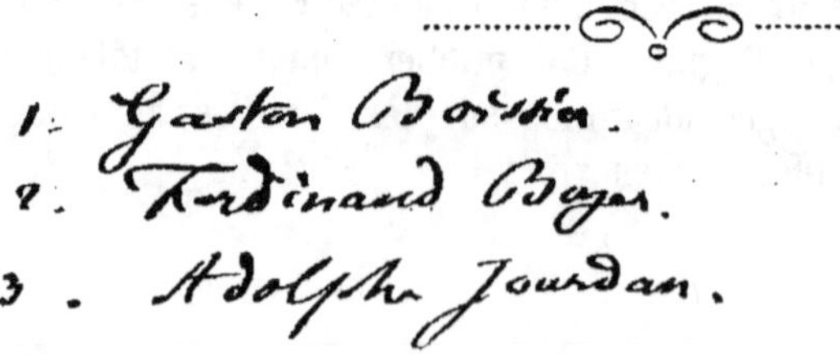

1. Gaston Boissier.
2. Ferdinand Boyer.
3. Adolphe Jourdan.

APPENDICE

Quelques lecteurs nous sauront gré sans doute de donner ici la liste des pièces imprimées relatives à l'affaire Roux-Roubel, que nous avons eues entre les mains; nous l'accompagnons de quelques mots.

1. *Plaidoyer pour Demoiselle Jeanne Roubel, de la ville de Nimes, demanderesse et suppliante, contre sieur Henri Roux, négociant de la même ville, assigné et défendeur*. A Avignon, chez Toussaint Domergue jeune. 1774. In-12 de 38 pages.

Ce premier plaidoyer de Me Maignaud-Layrac, avocat du barreau de Paris, prononcé devant la cour de Nimes le 4 mars 1774, cherche à expliquer la conversion subite de sa cliente. Il lui fait dire, p. 37 : « J'étais dans la nuit de l'erreur. J'ai couru de bonne foi vers celui qui me nommait sa femme. J'ai cru me jeter dans les bras de l'hymen, quand tout à coup, mais trop tard, la vérité a tonné dans mon cœur. Le grand jour de la foi a éclairé mon erreur. Je me suis vue dans un abîme de honte…. » Le coup de foudre a été irrésistible, et c'est pourquoi elle a fui la maison du sieur Roux, qu'elle ne considérait plus comme son mari légitime. Que celui-ci fasse bénir leur union en face de l'église, comme il l'a promis dans le contrat de mariage, et elle courra se jeter dans ses bras, et pour toujours.

2. *Plaidoyer sur la validité d'un mariage protestant, par M. Troussel, avocat au Conseil supérieur.* Avec cette épigraphe : « Il faut faire honorer la Divinité, et ne la venger jamais. » Montesq. Liv. XII, chap. IV. A Nismes, chez la veuve d'A. A. Belle, imprimeur du roi. 1774. In-8° de 55 pages.

Me Troussel rétablit la vérité des faits, et, sans sortir du débat particulier, entre dans des détails très intimes qui expliquent le coup de tête de Mme Roux.

Ce plaidoyer, tiré à 6,000 exemplaires, fut rapidement enlevé. Une seconde édition parut à Montauban, chez Pierre Come, 1774. In-12 de 30 pages. A côté de la signature de Troussel, se trouve celle de « Me D'Ivernois, procureur. » Ce D'Ivernois (Antoine) était le petit-fils de Henri D'Ivernois, maître tailleur d'habits, natif de Neuchâtel, qui était venu habiter Nimes vers le milieu du dix-septième siècle, et s'y était marié le 26 mars 1666. Lui-même, étant greffier, avait épousé le 27 novembre 1750, Suzanne Chaubard, fille de Jean et de Marthe Paris.

3. *Réplique pour Demoiselle Roubel... contre sieur Henri Roux...* A Avignon, chez Toussaint Domergue jeune. 1774. In-12 de 30 pages.

M⁰ Maignaud-Layrac, qui a signé cette réplique, discute les lois et ordonnances royales qui, d'après lui, frappent de nullité les mariages protestants. Il agrandit ainsi le débat et attire son adversaire sur un terrain où il se croyait sûr de le vaincre. La conclusion est : il n'y a de mariage légal et réel en France, que lorsqu'il a été béni en face de l'église.

4. *Second plaidoyer ou Réplique sur la validité d'un mariage protestant, par M. Troussel, avocat au Conseil supérieur.* Même épigraphe que le premier plaidoyer et chez le même libraire-imprimeur. In-8° de 55 pages.

Nous avons parlé de ce second plaidoyer p. 13-15. La conclusion est (p. 53) : « Il n'y a point de lois françaises qui proscrivent les unions des protestants ; mais la loi romaine que nous suivons les autorise. » Et pour le fait particulier, l'avocat demande : que la cour fixe provisoirement et pendant procès la pension que le sieur Roux sera tenu de payer à sa femme, à titre de provision alimentaire, à la charge par elle de se retirer dans un couvent cloîtré que la cour indiquerait.

5. *Seconde Réplique pour D^elle Jeanne Roubel...contre sieur Henri Roux..., par M⁰ Maignaud-Layrac, avocat au parlement de Paris.* A Nismes, chez la veuve d'A. A. Belle, et chez Fernel, libraire. 1774. In-8° de 45 pages.

L'avocat de Mme Roux maintient son interprétation des

ordonnances qui, d'après lui, ne reconnaissent pas la validité des mariages protestants. « Désirez avec nous, dit-il aux juges, que la loi soit révoquée ou du moins radoucie, vous ne pouvez rien de plus ; tant qu'elle subsistera, vous serez liés. Sa disposition est formelle, son application générale. Il ne dépend pas de vous de la restreindre, ni de l'étendre, pas même de l'interprêter autrement que comme elle est conçue. » (Page 45.)

6. *Discours de M. Mazer, avocat du roi, dans la cause du sieur et de la dame Roux.* A Nismes, chez la veuve d'A. A. Belle. 1774. In-12 de 41 pages. Avec cette épigraphe : « Nous sommes touchés du grand nombre d'enfants qui sont nés de ce mariage. » (Digest. Loi 57.)

Chaleureux et habile plaidoyer en faveur de Roux et de ses enfants. Voyez ce que nous en avons dit p. 16-17.

7. *Consultation de Messieurs Monier et Tavernes, avocats au Parlement de Toulouse, sur un mariage béni au Désert.* A Toulouse. 1774. In-12 de 10 pages.

Cette *Consultation* donnée à Toulouse le 7 mars 1774, est favorable à M. Roux. « Ce n'est plus le tems, disent ces deux avocats, de quereller les mariages des protestans, et d'accuser les conjoints de concubinage, sur le prétexte, qu'en formant leur union, ils n'ont pas observé les loix de l'Eglise romaine et les Ordonnances qui ont été faites pour régler la forme des mariages des catholiques. » (Page 4.) Et ils citent les arrêts rendus dans différentes causes par le Parlement de Toulouse.

8. *Réflexions sur les mariages des protestans de France à l'occasion de Demoiselle Jeanne Roubel, contre sieur Henri Roux.....* 1774. In-12 de 35 pages.

Discussion serrée et savante en faveur des protestants. « On ne parlera point, dit en terminant l'auteur anonyme, de la cause particulière qui occupe actuellement nos tribunaux : elle est jugée à celui du public, qui connaît les principes et les mœurs des parties, et les faits même que leurs défenseurs n'ont pas osé articuler. Mais on ne craint pas de dire que de la décision de cette cause intéressante, dépendent la tranquillité, l'honneur et les mœurs de vingt mille habitans de notre patrie. Il n'est point de ville dans le royaume aussi intéressée que la nôtre à voir les protestans rétablis dans la paisible jouissance des droits naturels et civils que les loix même qui proscrivent leur culte accordent aux individus. C'est sans doute aux magistrats éclairés, équitables et humains qui nous jugent, qu'est réservée la gloire de dissiper les funestes préjugés qui oppriment nos concitoyens depuis un siècle, par la fausse application des loix qu'ils ont introduite, et de rétablir en même tems la juste réputation d'équité, de douceur et d'humanité de la législation française, que ces fausses applications ont trop longtems calomniée. »

9. *Confession d'une prosélyte ou justification de Madame Roux, sur sa fuite éclatante de la maison de son mari.* A. Paris, chez V. de la Montagne, rue du Repentir. 1774. In-8° de 40 pages.

Cette *Confession* est plutôt une série d'aveux compromettants pour Mme Roux. Sous une forme insinuante et

douce, l'auteur, anonyme, met à néant les prétentions
la demanderesse. « Si vous vouliez embrasser un au
culte, dit-il en finissant, que ne le faisiez-vous sans ab
donner votre famille, que vous auriez pu édifier en re
plissant les premiers devoirs, les devoirs domestiques,
en justifiant votre conversion par votre conduite ? »

10. *Le cri de la nature et de la loi dans la bouche
enfants de M*r* et de M*me* Roux, pour servir au ju
ment de leur procès, et à la défense des maria
protestants. A Nismes. 6*me* Mai 1774. In-12 de 48 pa*

Voyez notre page 26.

11. *Lettre d'un ami à son ami, à l'occasion du pr*
*de la D*elle* Roubel, contre le s*r* Roux, négociant*
Nimes. A Nismes, chez Fernel, près la Porte d
Magdelaine. 1774. In-8° de 16 pages.

L'auteur de cet écrit, qui est sans doute un ex-jés
ou un capucin, part de cette idée qu'il n'y a plus de p
testants en France, et que ce serait la ruine de l'Éta
l'on tolérait leur culte. Que ceux qui n'ont pas fait b
leur mariage en face de l'église, se hâtent d'aller se f
instruire par le prêtre ; ils ne peuvent manquer d
convertir, et alors leur mariage sera facilement réhabi
Après cela, on pourra, dans une humble requête, den
der au roi de modifier les lois existantes ; mais tant qu'
existent, il faut leur obéir.

12 *Réponse à la lettre d'un ami à son ami. A Gen*
1774. In-12 de 9 pages.

Ce petit écrit fut condamné au feu (voyez notre page

et l'auteur, qui avait eu la prudence de ne pas signer, fut recherché. Les vérités qu'il exposait étaient « dites à contre-temps », selon l'expression de Paul Rabaut. Le paragraphe suivant a dû particulièrement déplaire : « Etait-il protestant celui qui se baigna dans le sang de Henri III ? Etait-il protestant ce barbare qui plongea un fer parricide dans le sein du meilleur et du plus grand de nos rois ? Etait-il protestant ce scélérat qui de nos jours a fait pleurer la France sur Louis le Bien-aimé ? Etaient-ils des Huguenots ceux qui assassinèrent le roi de Portugal, le roi de Pologne ? etc., etc. Etaient-ils des Jésuites, des Capucins, des Récollets, ces braves qui, à Coutras, à Ivri, versaient leur sang pour l'illustre maison de Bourbon ? »

L'auteur, aveuglé par l'indignation, avait eu le tort d'écrire des lignes calomnieuses. Ainsi, à l'invitation de faire élever les enfants protestants dans les écoles catholiques, il répondait : « Oui, si vous le voulez bien, mon R. P., nous n'enverrons point nos fils au collège : nous voulons en faire des hommes ; — nous n'enverrons point nos filles chez *vos Sœurs* : nous voulons qu'elles soient honnêtes ; or voyez comme les Sœurs de l'Ecole chrétienne élevèrent Madame Roux. »

13. *Mémoire à consulter pour D^{lle} Jeanne Roubel de la ville de Nismes, contre sieur Roux... sur la réhabilitation d'un mariage entre un protestant et une nouvelle convertie.* — Avec cette épigraphe : « Les méchants ont formé de noirs conseils contre moi, ils m'ont environnée et déchirée comme une troupe de chiens » (Ps. 21). — A Marseille, chez Jean Mossy,

et se trouve à Nismes, chez Fernel, libraire. 1774.
In-8° de 100 pages.

Ce mémoire, signé « Jeanne Roubel » contient sur sa
conduite et ses démarches des explications étranges, qui
ne trompaient personne, pas même ses défenseurs sans
doute ; on y trouve aussi des contradictions, des attaques
contre les protestants, les pasteurs et le consistoire de
Nimes, et des imputations calomnieuses, qui furent verte-
ment relevées dans l'écrit suivant.

14. *Interrogatoire de la D^{lle} Roubel, au sujet de son*
MÉMOIRE A CONSULTER, *et autres faits résultant de la
procédure*. A Nismes. 1774. In-12 de 19 pages.

Voyez notre page **25**.

15. *Consultation* — pour la D^{lle} Roubel contre le S^r
Roux. In-8° de 16 pages.

Les deux avocats : *Siméon* et *Desorgues* qui ont signé
cette consultation « à Aix, le 18 mai 1774 » « estiment
que d'après la disposition des lois qui existent actuellement, on ne sçauroit douter de l'invalidité du mariage
des protestants.» Discussion des lois qu'ils croient avoir
trait à la matière. Comme conclusion, ils demandent
que les juges se hâtent de donner un jugement favorable à
« une infortunée, que l'on veut opprimer par cela seul
que, fidèle à son Dieu, elle revient à la religion de ses
pères, et que soumise à son roi, elle en réclame les
ordonnances. »

16. *Lettre d'un magistrat sur la question s'il y a des
Loix concernant les mariages des protestants en*

France. Avec cette épigraphe : Parce pio generi, et propiùs res aspice nostras (Virg. *Æneid.*) 1774. In-12 de 39 pages.

Discussion calme et rigoureuse des ordonnances invoquées par les avocats de Mme Roux pour faire invalider son mariage béni au Désert. Ces lois visent les nouveaux convertis, non les protestants.

17. *Observations sur l'article XV de la Déclaration du 14 mai 1724, pour servir à établir la validité des mariages des protestans de France : à l'occasion du procès pendant entre le sieur Roux et sa femme.* À Nismes. 1774. In-8° de 14 pages.

L'auteur établit par d'irréfutables preuves, que « cet art. XV ne regarde que les catholiques *nouvellement convertis;* qu'il ne peut être appliqué aux protestants ; que le législateur n'a pas entendu les comprendre dans les dispositions de cette loi ; que vouloir supposer le contraire, c'est faire adopter à Louis XV, comme des moyens salutaires, des actes que Louis XIV à déclarés *des scandales publics et des profanations visibles*. Il faut donc conclure que l'arrêt du conseil du 15 septembre 1685 est la seule loi existante sur la forme des mariages des protestants du royaume ; et que depuis que, par le malheur des temps, les magistrats ont refusé leur ministère, et ont cessé de se conformer aux dispositions de cet arrêt, les protestants n'ont eu d'autres loix pour leurs mariages, que les loix des contrats purement civils. »

18. *L'anti-guèbre ou dialogue entre un ambassadeur de Perse et M. de Fontenelle, par M. de V.* Avec

cette épigraphe : « Frappe, mais écoute » (Plut. in
Themist.). — Au Mont Crapak. 1774. In-12 de 21
pages.

Cet opuscule est, à notre sens, le plus spirituel, le plus
amusant et le mieux écrit de tous ceux que nous venons
de citer. Il faut, croyons-nous, en faire honneur, à Rabaut
Saint-Étienne. C'est le même style que le *Vieux cévenol*,
la même ironie fine et vengeresse. L'auteur met dans la
bouche de l'ambassadeur de Perse les mêmes arguments
de proscription contre les Guèbres ou Parsis, que ceux du
clergé et de quelques magistrats contre les protestants
de France.

19. *Requête à Nosseigneurs* etc. etc. etc. 1774. In-12 de
11 pages.

Cette *requête*, présentée par « les maris dégoûtés de
leurs femmes, et par les femmes ennuyées de leurs
maris », demande qu'il soit permis de rompre la chaîne
du mariage « lorsque les fleurs qui la couvraient se sont
flétries. » La plaisanterie des considérants est poussée
jusqu'au bout; le style est d'une allure parfois trop libre.

20. *Lettre de M. Troussel... à M. de Voltaire, en lui
envoyant les plaidoyers qui ont paru dans l'affaire
du Sieur Roux contre D^{lle} Roubel, jadis son épouse.*
A Montpellier. 1774. In-12 de 9 pages.
Voici la réponse de Voltaire :

« Le vieillard octogénaire, Monsieur, à qui vous avez envoyé un discours très éloquent, vous en fait les remercie-
ments les plus sincères. Vous avez plaidé pour les loix

de la nature, de la raison et de l'équité ; et votre adversaire pour la révocation de l'Édit du grand Henri IV, Édit qui sera immortel dans tous les cœurs, comme le roi qui le signa. C'est tout ce que peut vous dire en ce moment un vieillard accablé d'années et d'infirmités. Il mourra en regardant tous les hommes comme ses frères, la tolérance comme une loi de Dieu, et vous, Monsieur, comme un des plus estimables organes de la justice. »

« VOLTAIRE. »